群山祈祷

梁书正 著

长江文艺出版社

梁书正

1985年生，湖南湘西人，苗族。中国作协会员，鲁迅文学院学员。曾获红高粱诗歌奖、紫金·人民文学之星诗歌奖，出版诗集三部。现居湖南湘西。

目录

梁书正

1985年生，湖南湘西人，苗族。中国作协会员，鲁迅文学院学员。曾获红高粱诗歌奖、紫金·人民文学之星诗歌奖，出版诗集三部。现居湖南湘西。

目录

辑一 因为低过尘埃，得以望见满天星斗

辑二　借天地开合的双眼，深情望向你

辑三　笛子是月亮的骨头，为何吹出呜咽之声

辑四　此处的满月盛满他乡的水塘

辑五　让万物从尘埃中抬起头来

辑一　因为低过尘埃，得以望见满天星斗

春　望

喧嚣太盛大了，只有远山的草木替我们
承受着恒久的沉默和慈悲
因为尚有露水，得以拥抱汹涌的人群
因为低过尘埃，得以望见满天星斗

今年办了两张残疾证：一张母亲的，一张堂弟的
今年流过两次泪水：一次送弟弟当兵，一次
望向葱茏而辽阔的山河，天地茫茫，不见一人

洲上坪的黄昏

光芒盛大，普照古苗河、司马坡、和尚山
万物柔和而宁静。此刻，有人身披晚霞出嫁
有人穷尽一生，终于获得一堆小小泥土

远处，落日是群山抛出的一枚硬币
重复着古老而永恒的占卜

独坐古苗河

这里的一滴水，也许就是
阿婆留在人间的眼泪

随便捡起一颗石头
也许就是你曾握在掌心的那一颗

那片沙滩上，流水洗刷的
何止是脚印和光阴

当众生从水中的落日
看到各自的前世

对岸成片的叶子
齐刷刷地黄了

现在，我要指给你看
低处的河床：枯骨寂静
高处的天空：星辰清冷

捉迷藏

门后、箩筐、床底，这些地方
曾藏着我们小小的躯体

稍微大一些，开始藏在田野
稻草垛、苞谷丛、野草荒芜处

有一年找不到的一个孩子
居然藏在屋角矮小的棺木里

有一年找不到的一个孩子
藏在深深的河床底下

这些年来，陆续玩这个游戏的有
阿公、阿婆、舅舅、大姨
以及许许多多村寨的人

母亲指着星星，告诉女儿
那些离开的人都藏到了天上

这些年来，曾看见群山上的萤火
听见野坡的虫鸣

门前的芨芨草，一夜哭湿了一身

村寨是一个巨大的藏身之所
有些事情可以问苍天和大地
有些事情只能问地瓜和洋芋

访刻碑人

上了年纪的刻碑人，蹲在众多的石碑中
一锤一凿，从死者的名字
刻到生者的，从年长的刻到年幼的

他认真、细致，小心翼翼
每个字在磨好的石碑上
都有相似的位置和深度

有时他会停下来，抚摸刻下的字
是否足够干净、清晰
"不能让死者有放不下的东西"

有时候不停捶打，仿佛急于追赶什么

每一块碑必须手工完成，要有
汗水的味道
"这样碑才柔软，有温度"

每一块碑要细细丈量、打磨、清洁
"只有倾注足够的时间、耐心和精力
碑才立得住"

那荒山之上，到处都是他的作品……

没什么让他惧怕了，旁边躺着一块
他为自己准备好的碑
没有什么他要表达的了，碑上只有六个大字
"刻碑人王昌志"

我们没有过多打扰刻碑人，没多久，就起身了
前路大雾缭绕，山水重重。身后的刻碑人
又抡起锤子，叮叮当当为人间打造一块又一块碑

黄昏记

小河边，一个老人在祈祷
每一次弯腰，就捧起
落日和群山

田野上，麻雀们捡拾
铺满乡村的
善良和淳朴

村中的古树，鸟雀归巢
夕阳的线条把树叶
串成灿烂的秋色

那微微的晚风
狗吠、虫鸣和流水声

都是：神在说话

我有一粒果实

桃子结果了，葡萄挂果了，李子都长出来了
坐在院里，我是被果实包围的人，是一粒果实

如此众多的果实，如此众多的兄弟
走在成熟的路上，芳香的路上

我有一粒果实，起初是花朵，后来是乳房
起初是子宫，后来是坟墓

我还有一粒果实，起初是灯盏，后来是星辰
起初是故乡，后来是祖国

重　逢

今朝的落叶，也许长成明日的红花
死掉的虫子，化作飞翔的蝴蝶
万物离去之后，都会以其他方式
重新活回人间

一只鸟隔着窗玻璃
和新生的婴儿深情对视

一只猫望着女孩
泪流不止

三岁的孩子对着盛放的繁花
一遍遍呼喊：妈妈，妈妈

灰烬颂

堆起来，焐熟黄豆和红薯
刨开，散出一群群星星

老祖母用它接生
母亲背它做庄稼的肥料

祖父用枯枝写画
灰烬组成各种构图

曾和女儿烧出一堆热乎乎的灰
与盒子里的骨灰多有相似

在武陵山顶

终于可以借助山脉的走势触摸苍天

此刻，我要坐下来问一问
为什么祈福的门架和杀猪的架子如此相似？
为什么树木造的船，既渡种它的人，又渡砍它的人？
为什么牛皮用来制药，又用来做鼓？
为什么捕鱼的人，会在网里挣扎一生？

为什么你还没回答，一个放牛娃已走到中年

是因为那无边的辽阔、蔚蓝和寂静吗？
泪水纵横满面

锄头叙事

在我的家乡，那些扛在乡亲们肩膀上的
被随意丢放在屋檐下的锄头
最后都成为埋掉他们的工具
一把把锄头，从祖辈传到父辈
又传到我的手中，我用锄头
埋掉了爷爷和阿婆，用他们教我的
使用锄头的技巧，和播种的方法

如今我常回到乡下，教孩子播种
小女儿丢下种子，笑声烂漫
大女儿扛着锄头，嘻嘻哈哈
我接过锄头，战战兢兢，跌跌撞撞

观音寺前

寺庙已经上锁了，独坐于此的我
望见了对岸的悬棺

为何寺庙与悬棺遥遥相望？
为何它们隔着一条奔流的江水？
寺内香烛成灰，棺里白骨成粉
我的身边
堆满乱石、腐叶和枯草

转过头，佛号声声
望过去，悬棺寂寂

远处苍山覆雪，近处江浪滚滚

风雨夜提笔有感

如果不是悬崖，不会提笔
不是孤峰，不得铺开稿纸

我要的，大过宇宙，小于微尘
春风顺着你脸上的浅浅泪痕

很久没有动笔了——
我已经看见

低处的棺木，高处的星盏
人间的尘土

万物浩荡，无须落墨
我有至亲，需要供养

回　答

在乡村，我要写下的有三种事物
神龛上的米，泥土里的骨，香炉中的灰

清　明

一铲一铲给祖先们加土。是因为死亡
让一些泥土，得以高出大地吗？

把清明纸挂上坟头。是因为祭祀和怀念
让一些泪水，得以高出坟头吗？

在坟前跪拜。是因为感念和恩情
让一些祈愿，得以在大地上生根吗？

大风起伏，翻飞村庄红红的对联，又翻飞
山野上白白的孝纸

那高处，祭祀的烟雾和厨房的炊烟
慢慢交织、合拢

悲伤帖

失聪的母亲在阿婆坟前
边烧香纸，边低声细语

阿婆听不到母亲的声音了
母亲听不到外界的声音了

在斜斜的山坡上
我这两个失去听力的亲人
努力使用着语言

颤巍巍的语调
萦绕着，传递着

有时候语言用尽了
就用泪水代替交流

泪水用尽了
沉默来替代

有一年寒冬腊月
母亲跪伏在阿婆坟前

苍天和大地

放肆地使用着

满世界的积雪和风霜

竹子颂

一片片竹插在田野，站成豇豆攀爬的支柱
几十根细竹捆在一起，成为清尘的扫帚

簸箕筛走沙石，剩沙沙滚动的白米
竹织的网，河里兜鱼虾，阁楼上盛着光阴

阿婆的背篓，背婴儿，也背红薯
阿爸的箩筐，挑晨雾，也担月光

一个热闹的集市，有人在竹条上糊纸
纸房、纸车、纸花圈。有了纸的竹
风吹时，发出了"呜呜呜"的声响

已经干枯的竹子，被老和尚卷起来
一把火，烧成一堆白白的灰烬
来年春天，鲜嫩的竹笋从灰烬处破土

白家村每户人家都种有竹子
竹林沙沙，轻轻细语；竹林成荫，盖在屋顶

那大地之上，竹海翻滚，一浪一浪卷过额头

因为这慈悲的人间

因为被赋予祝福，每一朵花绚烂盛放
因为带着养育的使命，每一株庄稼努力生长
因为是生命的甘泉，每一口井清甜甘洌
因为得到上天叮咛，每一滴雨侧身躲过人群

因为接受更多的祈祷，手术室外的墙格外洁白
因为群山是最终的去处，所以厚实苍翠

过荒废房屋

让我心惊的不是
那些爬进院子
和屋顶的
荒草

也不是那些
一日日堆积的
落叶和光阴

而是空荡荡的堂屋中央
神龛上
两个老人的遗照
默默朝大门外
张望

春耕辞

再没有比翻开泥土更庄重的事情了
在我的家乡，每年春种时
人们会打开皇历，看日子，甚至要进行
隆重的开秧仪式

我们这些晚辈，跟着族人，扛锄头
跪在泥土上，祭拜泥土

阿婆说过，人都是泥巴做的
祖父取出泥土，造成菩萨的塑像
父亲一锄一锄地刨泥土造苕洞
把新鲜的粮食藏进去……

在乡村，你需要懂得：

翻开泥土，如同挖着亡人的地穴
从泥土里取出果实，就像婴儿呱呱降生

我暂未到达更高的山峰

往洲上坪望去，最高的山，当数和尚山
往和尚山望去，最高的山，应是吕洞山

在吕洞山上，一只黑白斑点的小鸟
站在最高的枝头

在湘西，我暂时没有，到达更高的山峰

我有亲人，隐没在人间
最深的土里

我有质朴的愿望

当我还在仰望星空的时候
父亲早早下地播种了

成片绿油油的秧苗长了出来
父亲如一粒种子垂向田野

当我丢下手中的风筝
没有了奔赴高处的念头

我才明白一颗粘满泥巴的土豆
如何成就一顿简易的早餐

我愿俯身捧起一颗丑陋的红苕
也不再追逐那漂亮的彩云

相对于天上缥缈的骏马
我喜欢看铧犁在阳光下的柴门前打盹

登白云山

山脚下，堆满了星罗棋布的村庄

苗族人沿着山体开垦，粮食种到的地方
人也埋到了那里。乡亲们在墓前哭，又在田野唱歌
白云山，年年收割，粮食和新坟

再往上，草木苍翠，成群的鸟雀
筑巢，欢歌。一个个鸟窝，似一只只碗

山顶平坦、开阔，苗族人小心翼翼种下
白云寺。风和阳光一年年走来，种了些
青草和野花

站在最高处的是终年不散的白云
一朵一朵缓缓飘动，擦净人间的尘埃

辑二　借天地开合的双眼，深情望向你

回乡记

熟人越来越多，打招呼的越来越多
快进村时，每一根草都是亲人了

一只鸡朝我打鸣，一条狗摇尾巴
孩子们舅舅满满地喊
白云悄悄地停在头顶

我认出了阿爸，一个和玉米一样高的人
我认出了阿妈，一个背着夕阳归来的人
我认出了女儿，五彩风车在她手中转啊转

我认出了我的故乡：

妻子抱着婴儿，果实挂满枝头

村庄抒情诗

父亲在屋檐钉木板，给燕子筑巢
"有燕子的家庭是吉祥的"

母亲仔仔细细地清理田野
"杂草和乱石会压痛泥土"

祖母在阳光下纳鞋底
春风帮她穿针引线，桃花是她的邻居

孩子们走在青草茂盛的田埂
"你好啊，你好啊"地回应蛙声

村庄穿着缀满花朵的衣裳
满面春风地从群山中破土

空山新雨后

一切都是崭新的

草叶睁开露水的眼睛
蝴蝶打开花朵的翅膀
森林放飞鸟儿的歌声

我已褪尽尘埃，身轻如羽
清风借助我的身体
吹出久违的蝉鸣

村　居

房屋周围是田野，一眼望去为南山
一条小河缓缓流淌，唱着昼夜不息的歌谣

燕子们温暖的呢喃
组成人间最动听的合唱

山林里，鸟叫和虫鸣此起彼伏
那座山坡是它们的大提琴

青草和花铺满村庄，浩荡的春风
又一次把大地唤醒

我在这样的洲上坪居住：除了以上写到的
小伙伴们，还有太阳、月亮和诗歌三位友人

我和我的祖国

我喜欢这样细微的生活
挖土，摘菜，清扫尘埃
看屋顶洁白的炊烟，和远山自在的云朵
田野一年年返青，山峦一年年葱绿
没有什么可想的人了
父母在自留地忙碌，阿婆睡在山上
妻子和女儿在阳光中反复歌唱
《我和我的祖国》

星　海

洲上坪是一片小小的星空

有一颗星星刚当上母亲，显得格外明亮一些
有一颗才失去亲人，稍微暗淡了一些
还有一颗年迈了，托着下巴打盹呢
最快乐的一颗跳来跳去，因为他考了一百分

还有许许多多的星星。他们
在田野、厨房、村路上，一颗颗沾满了尘土
群山手牵手，组成一圈小小的篱笆

在洲上坪，我是一颗笨拙的星星。因为和他们
团结在一起，而获得了一片，小小的星海

致

一生要走多少山路才能抵达记忆的深处？

这是在湘西，树木繁盛的山林，深蓝的湖泊
开满油菜花的田野，你都一一走过了

你都带着春天的花香和阳光，还有风的呢喃
你是一个甜蜜的赶路人

往高处走，跋山涉水，朝云端靠近

记忆逐渐清晰。那条路，那片土，那件红衣裳
嫩绿的小草毛茸茸地拱在心间

是春风把一切吹拂得透明而辽阔。在草垛中
高处是蓝天、白云和飞鸟

是暖阳焐热了一个人的胸膛。在田野深处
旁边是野花、虫鸣和青草的清香

是苗寨最美的花朵温柔盛放。在心底
悠悠晃动着一面倾斜的山坡和月亮般的小船

一生要用多少时间才能忘得了这样的深情？
在湘西，你俘获了全部的春天

归来的小溪汇聚成奔走的河流。那些让
脸庞和身影逐渐模糊的，除了时光的水纹
还有逝去的歌声

洲上坪有许许多多的诗人

山是沉默的诗人，田野是丰收的诗人
流水是唱歌的诗人
蝴蝶和野花亲密无间，她们把春天
写成一堆堆斑斓的动词
蜜蜂最勤劳，把生活越写越甜
还有大树啊，青草啊，把时光写得很暖很美
那些玉米、红薯和稻谷，写出五谷丰登的日子
而炊烟、月亮和老屋，乡愁在他们笔下
流淌浅浅的泪水

因为在洲上坪结识了那么多优秀的诗人
所以我才开始学习写诗

布道者

折断的枝丫会喊疼的
摘掉的花朵是会哭泣的
还有这些小泥巴、小石头、小叶子
它们都要吃饭
蚂蚁和蝴蝶，天黑了都要回家的

女儿护着她的小王国，一本正经地对我说

徒步记

一路上看到的风景很快过去了
想到的事物都不存在了

往前迈一步，这一步已经消失
生起一念，一念已寂灭

有人从微信发来信息
"一个人活在世上，迷雾重重"
路遇的老人，给孙儿说起小时候

伸出手，从绿叶上接过一滴露珠
拐个弯后，迎面撞上赶来迎我的白云

过山野

几根小草，支撑一个鸟窝
托举着，蔚蓝而辽阔的天空

一个农夫，把一包种子
一粒一粒地，撒到大地之上

流淌的山泉旁，蛐蛐拉着大提琴
清风缕缕，梳理大山的心事

我从山中走过
一会儿和野花成为朋友，一会儿
变成露水的亲戚

酉水漫行

缓缓流淌着，群山和蓝天
在水里洗净身子。清风轻轻擦拭他们
身上的水珠

天地越来越干净了
一群鲤鱼身披柔软的波浪
三两只翠鸟穿上了洁白的云

海边断章

初升的朝阳是天空献给大海的心
欢腾的潮水是大海唱予天空的歌
在这么深情的，碧海蓝天之间
海水与阳光交织，浪花与白云深拥，银滩与晚霞亲吻

我借晨昏之际，天地开合的双眼，深情地望向你

所谓人世

左边的田野，种青菜、南瓜和红薯
右边的水田种稻谷，养鱼
我住在其间，听着蛙声和鸟鸣
一日日把粮食唤醒，长大

在宁静的岁月里
清风用桃花点缀春天的裙摆
秋天拎起一盏盏
柿子的灯笼

所谓人世，就是
粮食堆满屋檐，头戴满天星斗

女儿读我的诗歌

刚刚认字，便轻声读了起来
从题目开始，每一个字都读得很认真
每一个发音都无比稚嫩而柔软

伴随朗读声，阳光在房间轻轻飘了起来
一些清风长出了透明的羽翼

静静聆听的我，像一个正在受洗的信徒
微微抬头，便看见了天堂和上帝

那么白的云

野花盛放，蝴蝶斑斓
清甜的风吹过山坡

草木寂静，流水潺潺
鸟鸣在林间踱步

玉米成熟，稻谷扬穗
乡间蛰伏丰收的喜悦

天深蓝深蓝，云纯白干净
人世间饱含无边的宁静和辽阔

给

面前是宽阔奔涌的沅江
身后是延绵起伏的武陵山脉
坐在这方寸之地
一待就是一上午

流水对我说的我已写给了落叶
草木对我说的我已请秋风转述

这些年，我并没有白白积累
满山的月光与霜雪

我有一堆稻草，刚好适合搭个窝
我有一盆小雏菊，刚好放在你的窗前

洲上坪的夏日

比蓝天更干净的是婴儿的脸庞
比白云更白的是祖父的头发
流水唱着歌谣，把小村轻轻揉洗
清风梳理草木和篱笆，唤醒成片的喇叭花
妹妹从自留地归来，像一株小雏菊
大地如子宫，怀抱着洲上坪

山　中

小路越来越窄，草木越来越丰茂
阳光已经穿不透这片山林，到处一片阴凉

停下来，呼唤一声，鸟鸣在答应
再呼唤一声，野花轻轻摇晃

变成一株植物是一瞬间的事情，当我坐下
松柏向我伸出小小的手掌，青草朝我点头致意

女儿和紫玉兰

七年前，女儿来到这个世界
两年前，我亲手种下一株紫玉兰
今日的黄昏，我看见浇花的女儿
和紫玉兰一样高了

紫玉兰开着花，女儿头上戴着蝴蝶结
紫玉兰轻轻摇摆，女儿轻轻微笑
紫玉兰朝天空张开双臂，女儿轻轻搂住花朵

她们都那么美丽、可爱
她们都是我最乖的女儿

星 夜

呵，又一次望见星辰密布的夜空

在院子里，我静静的，旁边的自留地里
南瓜、冬瓜、玉米、红薯，都静静的
村庄没有一点声音

光芒倾泻呵，无边无际
静静的，静静的……

仿佛谁发出声音，都是多余
谁弄出响动，都是罪过

春满人间

清晨的光芒中，女人用力蹬三轮车
车厢里传来孩子们稚嫩的歌声

穿过油菜花地，一个满头白发的老人
和青青的幼苗站成一排

青蛙寻偶的歌声，成片成片
填满了整个村庄

古井旁清洗尿片的女人，舀着那
浸透了蓝天白云的清水

远处那刚埋下人的山坡，草木蓬勃
一棵棵桃树上，结出了青青的果

远嫁的妹妹手持鲜花
又一次漫过蝴蝶斑斓的田埂

采茶记

一千年，一万年，只为了等你我
一起来到这棵古树脚下

你轻轻地伸出指尖，如一片新生的叶
我似根系一般，深深地缠绕大地

感恩辞

想到妻子生下女儿之后
一个人孤单躺在手术台上的样子
我忽然什么都能宽恕了

想到女儿手捧繁花
迎着朝阳向我奔跑而来的样子
我忽然什么都想爱了

想到母亲躺在病床上
面色苍白，眼里流露深深的忧伤
我真的什么都愿意去怜悯了

想到空茫的人世间，有她们
在我身边
我就像怀抱果实的枝条
深深地弯下腰去

春天来到了我的祖国

春天来到了田野，田野上绿油油的
青蛙们开始了一年最动听的合唱

春天来到了小河边，河水清亮亮的
春风推动一串又一串明亮的波纹

春天来到了屋檐下，桃花和李花笑脸相迎
阳光是走进屋里的第一个客人

春天来到了人们的心里，每个人都暖洋洋的
阿婆清扫屋里的灰尘，阿爸扛起小铧犁

春天一直走啊走，走满乡间，住在每个家庭
让我的祖国啊，福气洋溢，四海升平

木柴颂

我喜欢乡村的木柴，一捆捆
码在屋檐下

我喜欢柴火里住着的
安静和质朴

一个老木匠，用木柴
做成孩童们的玩具

一个老农民，把木柴
像塔一样往上堆积

阿婆拿着柴刀，静静地
劈出一个又一个
美丽而柔和的黄昏

阿妈借助一堆堆柴火
捧出一座座温暖而明亮的村庄

转白塔寺

路边的枇杷又挂果了，成堆成片

转一圈，你站在枇杷树下
转两圈，你捧一把野花从枇杷树下走来
转三圈，你和枇杷果一样红了

我已经点开了三次微信，找到你
却一个字没有发出

赶集记

拥挤的人潮中，她像蝴蝶一样飘然而至
年轻的羞涩和拘谨，让你压抑内心汹涌的波涛

从一个摊位到另一个摊位，从街头到街尾
走走停停，春天的风是动人的

回过头一波秋水，转个身面若桃花
一个集市装着一个人全部的心跳

徐徐的春风，让你想走过去牵着她的手
而枝头胆怯的小鸟，又把歌声隐入了丛林

有时看不见她的身影，失落和忧伤
都装满眼睛。在她翩然闪现时
又开始闪躲。内心沉淀惊喜和安宁

那时春风都懂得委婉的传递，一个动作，一个眼神
就能走出集市，山一程，水一程……

我曾经从一个乡镇的集市带走一整个春天
却走失在繁花盛开的田埂

我曾经穿过青春的一场大雾，目送一朵花
在锣鼓、鞭炮和祝福声中盛装出行

守拙归田园

成群的蝌蚪在水中游动的时候
朵朵桃花正在盛放

当蛙鸣声声
花朵已长成毛茸茸的桃子

老父亲一遍遍走过田坎
他亲手插的秧有齐膝之高

暖风从远处吹来
带着永恒的祝福

哦，又是风调雨顺的年景
夜晚洲上坪请来月亮，邀我逮他两杯

山林漫行

行走时，我们是清风；停下时，我们是草木
这一路上，整座山林都在和我们说话

野花说了什么，落叶说了什么
湖泊说了什么，山石说了什么
我都忘记了
在那茂密的丛林深处，阳光明媚，叶落纷纷

一片新生的嫩叶让我有了合掌的愿望
一只鸟教我发出有生以来的第一声啼鸣

我的身边只有你

出发的路上，野花烂漫
归来时，星斗满天

想到一路上只有鸟鸣和流水，这些年
我的身边只有你

想到灯火璀璨的小城，有一盏
为我亮着的灯

想到此刻你轻轻折叠吸满阳光的衣物
温柔地把婴儿哄睡

那轻柔的晚风轻轻搂住我
就像此刻，我轻轻搂住整个世界

辑三　笛子是月亮的骨头，为何吹出呜咽之声

山塘史

崇山峻岭之间，草木繁盛，山塘幽静

卧塔村漂亮的村姑在水中清洗脚丫
清亮的水花，滴滴答答跳入岸边的草丛

白鹭在水面盘旋，云朵在湖心漫步
岸边的独木舟满载清风，摇一船清梦

后来才知道塘底藏有伤心人的骨头
多少年都打捞不上来

后来才知道塘水含有很多人的泪
其中小姨的最多

后来才知道塘边有许多人来祈祷
影子一直在水里挣扎

后来才知道我是自己亲手捏造的小泥人
山塘也是我的苦海

走到中年才想到去看一看
究竟是谁到今天才往山塘丢进一颗石头

骨头赋

菜市场的贩卖台上
挂满了等待挑选的骨头

老人说：人的骨头也会被挑选
坏人的往往被野狗叼出
有冤屈的流水会发现
好人的骨头深藏茂盛的青山

现在，我已极少仰望那些
挂在高处的骨头

九岁时目送一头老牛
跟在牛贩子后高大而怆然的身影
以致至今常在眼前浮现
一只巨大的骨架

三十六岁在一个废弃的矿洞里
捡到一截流水冲出的腿骨
我小心翼翼把它埋在青山之中

如今常站在高山之上

看落日伸出苍茫之手
整理村镇、群山与河流

笛子是月亮的骨头，为何吹出呜咽之声
琴弦是流水的骨头，为何悲泣不止

我曾获得一枚鸟蛋

十五岁那年，我曾获得一枚鸟蛋
我轻捏它，对着太阳
借助明亮温暖的光芒
我看见里面混沌一片，如创世之初
那时，我心生疑虑，不知所以

几个月后再至鸟巢
只见破碎的空壳，我轻轻捡起，捧在掌心

那是我初次获得一个虚无的世界

名字帖

作业本，日记本，那歪歪斜斜的字
跟随时光的长河远去了

那写在树叶和花瓣上温情的笔触
被青春的泪水带走了

阿婆曾把我的名字写在纸上
一声一声喊丢失的魂魄

算命先生把我的名字揉在土碗里
不停摇晃、摆弄

有一年清明，在杂草丛生的碑文上
"孝孙"一栏，我看见深深的横竖撇捺

祖父说：一个人会写自己名字那一刻
他的命才真正站立起来

如今，我在很多地方都有落款
并借此乘坐一趟远航的船只

有时，浪花把我的名字写给明月
有时，咸盐把我的名字留在苦海

山水吟

那条牛羊上山吃草的路
何尝不是许多人在人间走的最后一程

那条流水奔涌的河床
何尝不载着许多人命运的孤舟

当看到山的厚重和水的辽阔
我何尝不能领受明月的圆缺

今日在沅江之畔
打捞到中年的倒影
半江山川
与我互为呼应

那日在武陵山顶
迎着大风而歌
整条酉水
为我收拢臂弯

低身匍匐的是满我心头的枯草
滚滚河流是噙满眼眶的泪滴

手掌颂

苞谷、泪水、香烛、乳房、婴儿……
三十多年，经过我手掌的事物太多太多

算命的让我摊开手掌，大拇指
抚摸着一条又一条纹路

玩游戏的女儿掰开我的手掌，悄悄地
放进一颗糖果

干农活累了，坐在土坎
手掌上不是一把泥土，就是一把灰

手掌在水中合拢，舀一群星星
手掌反复擦拭，清净死者的躯体

刚出生的婴儿总爱紧紧拧着拳头
两面小小手掌，从不轻易示人

再登白塔寺

绿树、翠竹、蝉鸣
荒庙、古钟、灰烬
柱子斑驳的碎漆和木凳上的阳光
和我们静静坐了一天

什么是当下？什么是永恒？
什么是虚无？什么是圆满？
什么是佛经？什么是碎瓦？
什么是钟声？什么是鸟鸣？

旧凳上坐着腐朽的肉体
远山漫过白云的脚印

人如晨露

有的露水，被阳光带到了天上，成为夜晚的星盏
而有的，由古苗河带往远方，像我打工的乡亲
在洲上坪，人如晨露
生来晶莹剔透，往后各奔东西，最终了无踪迹

只有土地庙前阿婆挂着的祈福的红布
偶尔能显现出他们消逝的身影

登屈原问天台

此刻已无话。听山河问我，苍天问我
云雾缭绕，雨水落满周身

我愿伏成一块小小的问天石，让谁来落脚
谁能看出，我伏下去的姿势，也是一个问号

我已看遍江河与大海，领略壮丽山川
是体弱多病的母亲，让我推开故乡的柴门

是神龛上日渐堆积的灰烬，让我风尘仆仆
是深藏泥土的恩情，让我捡拾到了明亮的黎明

此刻我已有足够的勇气推开磅礴的云雾
把大好河山揽入胸怀

此刻，我也有足够的虔诚叩首大地
倾听大地深处沉闷的回音

再登杜甫江阁

久久无言，江水说了什么，岳麓山说了什么
一城灯火说了什么。江风一遍遍翻动薄衫

已隔千年，还有一叶孤舟，沉浮在茫茫江面
还有一盏孤灯，飘零在苍茫人间

过洪山寺

挂满红布条的树已经枯死了
是人们祈求的太多了吗？

写有佛经的菜园，菜蔬郁郁葱葱
是得到庇佑了吗？

群鸟飞入古树掩映的寺门
这里是归宿吗？

十几层的佛光塔高耸入云
是得到授意了吗？

绕寺转圈，身上缤纷落叶
双掌合十，脚下生出繁花

深　拥

坟墓把形状给了土碗，碗递给乳房
乳房是扣在胸前的鸟窝
子宫里，婴儿有相似的形状
缓缓走近的老人，弓出弧形的脊背

为什么要朝着苍穹祈福
为什么全身环绕才能深拥

大地颂

叶子凋零的位置，新芽长了出来
流水奔涌过的河面，春风漫步

一只燕子的欢叫，引来另一只栖息
缕缕炊烟，迎接群山上的云雾

互相守望的苞谷秆下
生长着紧紧相拥的黄豆

整齐的篱笆旁，喇叭花牵手蔷薇花
车前草靠着狗尾巴草

我埋下阿婆的地方，松柏已有成人之高

夜宿梵净山下

因为爱上溪流和陋亭，我们停下脚步
八十块一晚的民宿，足以容下疲惫的身躯

躺下来，静听流水，起初群星涉水而过
接着是雪簌簌落入水面
然后陆续传来屈原、杜甫、老舍、沈从文
来到水旁的声音
水哗哗地，一刻不停奔走

实在睡不着，床板是船，双臂为桨
怎么也划不动这三尺之躯

实在没办法，人间船身太重，人们行李太多
我和弥勒佛用了整夜，还是没能把船渡到彼岸

涉江楼前

眼前是滚滚的逝水，对岸是壮丽的河山
和涉江楼站在一起，能成为静静伫立的屈子？

已经过了两千年，谁的心中依然千沟万壑
和涉江楼站在一起，为何像迎着江风的门窗一样
眼眶潮湿？

有些问题江水没有回答，有些困惑群山沉默以对
和涉江楼站在一起，我如艾草一样无言

和我一起伏拜的何止是翻卷的大浪，苍穹之下
涉江楼如孤臣，江水似遗民

和我一起屹立的何止是一座高楼，大地之上
万物静默，明月满照

呼喊辞

几个小孩扯开嗓子朝着天空
声音飘到了最远的天际

少年对着山谷喊一个人的名字
回音一直挣扎在谷底

后来有人追着火车奔跑
列车上挂满了流泪的窗子

后来还有人流着泪水
把呼喊声埋进深深的地下

有个人剃尽了青丝。古佛前
呼喊成了轻慢的诵经

有个人戴上帽子走出山寺
人间飘荡的皆是妙音

我曾和三个孩子在古苗河边呼喊
许多波纹荡漾不息
成片白云停下脚步

借助粮食

人们借助粮食和土地对话
土地回馈人们年年的丰收
人们借助粮食和亡者对话
把亡者送到了遥远的地方
人们借助粮食和祖先对话
祖先带给村庄永恒的祝福
人们借助粮食和菩萨对话
菩萨送给人们永远的安康

三十多年来，我借助粮食长大
依然两手空空

一粒笨拙的种子，心有一片稻田
一个失败者，空怀大好河山

在和尚山顶

山脚下，灯火闪烁，狗吠声声
高空寂静深蓝，星辰密布

是谁让我置身这里，在天空和大地之间？
群星必须通过我，才接通人世？
我该怎么把人间的祈愿，递给上苍？

一颗身披雪霜的石头，手足无措地站在山顶

过王家巷

剃头匠一边熟练剃头，一边说
"这辈子就这样了"

一个中年妇女搓衣服，一些枯叶
落在她的周围

拄拐杖的老人家缓缓走来
"咚咚咚"的声音孤单回响

扛水泥走在台阶的汉子
背上驮着房屋巨大的阴影

小学生背着硕大的书包
一步一步努力前行

一个老人拍着婴儿白嫩的屁股
"哭啥哭，你的苦才刚刚开始"

宽　恕

所有的呜咽之上必是清冽的甘泉
所有的尘埃之上必是熠熠的星辉

摆手舞

牛皮鼓浑厚的声音响起来了
一只手摆动，秧苗轻轻摇晃
一排手摆动，成片稻田随之起伏

左摆，武陵山往左倾斜
右摆，酉水河朝右拐弯
一起往中间摆，一座村庄轻轻托起

祠堂里，乡亲们都有一双跳舞的手
这些种下苞谷红苕的手
从阿哥胸膛取出火焰的手
把月亮当酒盏的手，为婴儿接生的手

一面托举苍天，一面摆动大地

独坐无名湖旁

想到李白，我是湖中的明月
想到杜甫，我是岸边的孤舟
想到苏轼，我是那孤零零的荒岛

想到这滚滚红尘，湖慢慢平静了
那水中的万家灯火，为何噙满眼泪

梵音寺听雨

滴答滴答滴答，雨持续不停落下

这是悲伤的时刻：我触摸到万物的泪水
这是宁静的时刻：我翻阅了奔波的半生
这是永恒的时刻：我听到了天地的回音

这是怎样的恩赐啊
有些不断回响的雨声，不能向你阐释
有些已经消失的雨声，无法给你复述

乡间独行

你踩过的地方，肯定有其他人踩过
肯定有泪水，打湿一路

当你看见路边的枯草，丢失的风筝
还有一只虫子枯死的躯体

你看见一个人抱着骨灰盒
在蒙蒙细雨中行走

群山磕头，乌云滚滚

你要和大雾一样放轻脚步

等蒲公英打上小小雨伞
野柿子拎起小小灯笼

辑四　此处的满月盛满他乡的水塘

我的小村寨

我的小村寨很小，如一粒尘埃，悬浮在人间
在这里，背篓很小，刚好装下纯真的童年
水桶很小，刚好盛下一轮满月
菜篮子也很小，刚好拎得起清晨和黄昏
路也很小，刚好够苞谷红薯行走
那缓缓流淌的河呀，很小很小，刚好装得下梦
乡亲们的心啊，也很小，只装得下一粒种子
在一块小土地上，日升而作，日落而息

我的小村寨真的太小了，在群山之中
身穿云雾的衣裳，头戴阳光的花环
迈开清风的碎步，轻唱苗家的歌谣

在王阳明讲学的龙兴讲寺

陈旧而整齐的台阶上，那
从高处飘洒的阳光，是先生的真身吗？

三月的风轻轻吹拂丛林的尘埃，那
清脆的鸟鸣，是先生在讲学吗？

坐在寺内的台阶上，听房梁和墙壁的余音
眼前宽阔的沅江，是我的第一张课桌

我是迟到了五百年的书生，只能
把毕生的困惑，向清风和苔藓请教

匆匆的流水呵，也是我的恩师——

为了迎接远山的满月，我已送走万千的船只
为了深深眷恋的朝阳，我已清空一身的暮霭

洲上坪

这是我的村庄，阿婆用稻草铺成母亲的产床
用草木灰把我接到这个世界。这里
存储我的第一声啼哭，有我迈出的，歪歪斜斜的第一步

和阿婆鞠躬，敬天地和祖先
与父亲耕耘，种下苞谷、稻米和红薯
同母亲弯腰，额头触及泉水和白云

我要写下的事物很多
担水的姑娘，春风陪她走过一程又一程
播种的老人，荒草一点点把她拉进泥土
远方打工的乡亲们，亲人的死讯才能把他们接回

我要赞美的事物很多
阳光把露水串成念珠，戴在村庄的手腕
春风徐徐吹来，给田野和新坟都换上新衣裳
落花把月光一瓣一瓣地捧上你的窗棂

我要铭记的事物很多
下秧的小菊，胸前隆起两粒鼓鼓的稻粒
手持野花的妹妹，奔跑在阳光跳跃的田埂

背篓里的婴儿是春天晃动的音符

这是我的村庄
春风握着一把弯曲的犁，秋阳抱紧果实累累的土地

遥望柳林权

村镇后是低矮的山峦，山峦后是纯蓝色的天空
被沅江揽进怀里，就成了一幅绝美的山水画

江面的雾气和村镇的炊烟缓缓交织
给人间铺上一层柔软的棉花

清风送来了鸡啼和狗吠
落日端出水声和虫鸣

一个老船工走进船舱，缓缓拉上
夜幕的窗帘

我已在岸边闲坐半日，没能等来一封书信
也没有等到沈从文

只有一弯弦月，给我送来酣睡的群山

观音寺前

双掌合十，微微弯腰，拜一草一木一砖一瓦
它们都是人间的佛

不用走进去，人间是一座巨大的庙宇
每一举一动一言一语，都是修行

接纳目及之处的万物，也接纳心中纷纷起伏的念头
这躯体奔流的山水，已绽放出心灵的花朵

人到中年，眼前到处都是人间的盛景
此处的满月也盛满他乡的水塘

过酉水遇农夫渡船而归

此岸为村庄，对岸是农田。暮色中
农夫乘坐木船，给我们送来一幅山水画

那么轻柔的风，那么平静的酉水
我可以是一片水草，也可以为一缕轻雾了

哪里有木船哟，明明是一弯弦月
哪里有江水哟，明明是一条银河

沅江边的少女

远山落日，宽阔江水，炊烟人家
都已经记不清了。只有沙滩上的一抹春色
让沅江荡漾

我从浦市渡船而来，心留在了彼岸
月亮从江东村随我而归，梦里只有潮湿的水声

浦市船上

.

怎样的命运，得以和屈大夫在同一码头相遇

滚滚江水将带我去往哪里？哪里都是祖国和至亲
做些什么呢？眼前是苍山和逝水

我是两千年后才获得一叶孤舟的人。如今
还在汪洋大海里苦渡

如今，胸前还在怀抱一轮空空的明月

春天颂

田野上，和一头牛在一起
父亲就有了天和地

灶屋旁，与炊烟在一起
母亲就有了日子

小路旁，牵着花朵们的手
女儿就得到了春天

稿纸上，刚写下"春"这个字
春雨送来了墨水
阳光握着一支明亮的笔

洲上坪的早晨

早起的太阳，把洲上坪
从群山中请出来

一个老阿婆
背着满背篓的阳光
倾倒在屋檐下

灶屋后的阿妈
炊烟环绕
闪现出覆满积雪的头顶

稻谷在清风的吹拂下牵手
虫鸣叫醒南瓜和红薯

孩子们端着热气升腾的米饭
轻放在圆桌上

许多青草，托起一颗颗露珠
当作群山的眼睛

大雪日，和尚山印象

母亲走到柴门前，吱呀一声，推开了天幕
和尚山一头闯入眼帘

阿婆伸出满是皱纹的手，指向山顶和天空
屋檐下抽烟的父亲，根据雪融的程度，盘算农事

山脚下，村庄连接村庄，人们端起酒肉
虔诚祭拜。风把香烛吹成苗寨里摇曳的灯盏

往高处眺望，我仿佛看见了
曾祖父一袭纳衣，脚穿草鞋，一步步踏雪而上

再登白塔山

并没有什么是我想要去征服的了
山脚下的青草、野花和露水，也是我的高度

往上慢慢攀登，每一步都有不同的风景
即使有时往下一瞥，瞧见命运陡峭的深渊

不需要欢呼或流泪了，那起伏的山峦和磅礴的云雾
我了解藏在其中的真相和本来

人到中年，遥望那些似乎能把我们压倒的山峰
只是眼前指尖上的一粒尘土

我要慢慢下山了，身边只带清风和白云
每走一步，它们都会轻轻擦掉过往的脚印

夜宿铜仁所作

在贵州，本来只有二两的量
结果用梵净山做了酒杯

明明已满身风霜
顺手摘下了白云

早没了追风的念头
却在草海的候鸟群中重获翅膀

习惯了这个淡漠的世界
缤纷落叶教我们托付深情

在贵州，我们当掉了月亮这枚银币
请仰阿莎湖做同桌的酒徒

人到中年，与友人夜谈

江风拂面，小城的河堤边
与友人谈及人生、命途。这些年来，风雨挫折
许多曾经以为过不去的坎，都迈过去了
许多以为承受不了的痛苦，都开成了生命绝美的花朵
一根一根指头数着年轮，一下一下摸着白发
那些凋零在水中的叹息都被风吹远了
当我们靠近水边，友人双掌合拢
笑呵呵地捧起一轮静静的明月

我以我心寄明月

我在手心时，月亮在母乳上
我在摇篮时，月亮在童谣里
涉过青春的河流，月亮在你眼睛
登上南下的火车，月亮藏进了行囊

仰望苍穹，月亮噙满泪水
独自登高，月亮怀抱人世

大寒之夜，我裹风前行
月亮亦如游子，风尘仆仆

湖　边

装满蓝天白云，青山绿水
葱绿的田野旁，房屋整洁干净
阿婆拿着耙子翻晒湿漉漉的稻谷
阿妹坐在桂花树下，绣着梦中的山水
孩童们欢快奔跑，笑声一圈圈
荡漾而去

静坐岸边的人，怀抱喜悦
清澈的湖里，装着
一个欣欣向荣的祖国

乡村的鸽子

洁白的鸽子
落在院子、屋顶和树上
一只接一只

风梳理它们的翅膀
野花点缀羽毛

那一小团一小团的
棉花一样的生灵，停在乡间

加深了大地的洁白
和乡村的柔软

月光铺满村庄

月光倾泻下来，铺满了村庄

田野里，稻穗吸收光芒，轻轻颔首致意
自留地里，茄子摇着蒲扇，南瓜静静打坐
一颗颗西红柿披着露水，身影洁净

每个屋顶都起伏，月光般轻柔的呼吸

月光那么好

像恩赐一样，小村安静而柔美

我在凌晨三点醒来，月光照耀
田野、小河，屋顶和院落

大地轻柔呼吸，小村做着美梦

……像恩赐一样，今夜
我只有月光，那么好的月光

足够照见我这些年的奔波和泪水，
也足够我
储备余生的温柔和宁静

儿歌花篮

夜幕降临的时候，女儿们
在床上边唱边跳起来

"编花篮，编花篮，花篮里面有小孩
小孩的名字叫花篮"

歌声和笑声轻轻回荡，回荡……

夜幕中，院子拎着满院的月光
悄悄爬到窗口，远处的小河
哗啦啦地跟着合唱

女儿的雪

女儿的惊喜来自清晨的雪
女儿的欢乐来自雪中的脚印
轻轻摇摇树枝，童年的笑声
簌簌落下。咔一张照片，镜头里只剩下
纯净和洁白。雪花般轻盈的小手
轻轻抚摸大地的羽毛

哪里有造物主，在这个清晨
女儿是世界唯一的改造者

哪里有满身风霜的父亲，这银装素裹
人间只有女儿的雪

赞美诗

我的两个女儿都出生在春天
她们相差两岁
却在同一天自然分娩
这美丽的巧合，让我相信
是神在默默关注和安排

而神啊，也是一位伟大的母亲
和我亲爱的妻子一样
在美丽的春天降临人间
为爱而轻轻收拢花朵般的羽翼

乡村写意

茂密、葱绿，空气清新
除了鸟鸣还是鸟鸣，除了清风还是清风

写生的少女把大自然抱进怀里
仿佛青山是她最初的恋人

摄影师的镜头对着明净的湖泊
蔚蓝的天空为他布好了背景

一个老人坐在干树苑上
微风慢慢舒展脸上的皱纹

我已经与一条溪流交上了朋友
龙云华与一棵古树成了亲戚

那满身的潮水早已退去
肩膀上没有了灰尘

在鸟鸣声声的林荫小路上
我们仿佛同时回到了故乡，认出至亲

凤凰晨行

起初，我是南华山；后来，我是吊脚楼
到最后，我成为静静的沱江，江中的一滴水

过虹桥，春风和阳光是紧紧相拥的恋人
过南华禅寺，塔顶的钟声朗诵经书
过沈从文墓地，一排芦苇低垂着头颅

慢慢地，我越来越轻了

我是天际飘飘洒洒的阳光
我是两岸湿漉漉的草木

游橘子洲头

脚下是花瓣，头顶是花朵，你在繁花中
是轻轻跳跃的春天

哪里有湘江的流逝，哪里有天空的辽远
我的心中只有一座梅园

跟着一树梅花的身影，一会儿
撞见湖泊，一会儿，拥抱了草原

时光的马匹哒哒走过。此刻，在我眼里盛满的
是无边无际温暖而浩荡的春风

夜　行

夜色中，一声"妈咪"让我回过头
一个小女孩蹲在墙角

没走几步，又一声"妈咪"
周围没有别的人了

呼唤一声接一声，柔软而稚嫩

"妈咪，妈咪，妈咪"
街灯一盏接一盏亮了起来

老街又深又长，晚风又缓又轻
妈咪声又亲切又甜美，夜晚又温柔又宁静

乡间初夏

清风一阵接一阵，蝉鸣一声跟一声
在丛林中坐着，我们是栖息在花草间的蝴蝶

田野耕耘的人们，头顶蓝蓝的天空
近处流水缓缓，驮着一朵又一朵阳光

虫儿们都跑出来举行唱歌比赛
胜出的两队是青蛙和蛐蛐

山羊成群行走，一会儿散成跳跃的音符
一会儿没入寂静的群山

篱笆上盛开的喇叭花第一个仰起小脑袋
张开嗓门宣告夏天的到来

脚印铺满村庄

烂泥巴路上，有牛羊的脚印和人的脚印
密密麻麻，重重叠叠
牲畜走牲畜的，人类走人类的，时光走时光的

这是小时候的事情了
我们小小的脚板踩在牲畜走过的位置
抵达要去的远方

我怀念循着羊的脚印，找到那些丢失的白云
我怀念循着牛的脚印，寻到牛背上牧童的笛声

我怀念光着脚丫赶着夕阳下山
一轮满月的脚印铺满村庄

洲上坪之夜

流水拉着大地的琴弦，月光抚摸村庄的睡眠
在我的身边，妻子和女儿睡熟了
自留地里，南瓜和西红柿睡得更静

此刻，在我们的小花园里
紫玉兰的枝叶依偎着桂花树的
三角梅的花瓣吻着扶桑花的

辑五　让万物从尘埃中抬起头来

多么幸福

就这么走进山水间，多么幸福
流水洗面，清风洗心，一声声鸟鸣教我们说话
和草木在一起，青翠安宁
与石头在一起，安详自在

那些喧闹的是什么，流逝的又是什么？
那些追逐的是什么，匍匐的又是什么？
满天灰尘是什么，重重背影又是什么？

多么幸福！两个从寺庙里走出来的人
一个满头白发，一个青丝褪尽
一个步履清风，一个拈花微笑

群山祈祷

不是看到遍地盛开的花朵
才理解你所说的春天

不是等到河流汇聚成大海
才打捞到你心中的明月

而今，寒霜将至
群山的睫毛噙满泪水

有片枯叶，借助我的手掌
朝着苍天，静静地合十

群星赋

乡村总有一群调皮的星星
高兴时溜到人间当萤火虫
伤心了跑入荒野做鬼火

更多的时候，它们选择密集地待在天上
让万物都从尘埃中抬起头来

希　望

一只失去孩子的母鸡
领着一群没有妈妈的小鸭子觅食

因难产而死掉孩子的母牛
安静地奶一头小羊羔

送走的小狗和小猫
在新的家庭，依偎在小小角落

两个孩子把快干涸池塘的万条小鱼
放生到附近的小河

一簇青草支撑下，被折弯的花枝
蓬勃生长，枝头捂着小小花蕾

眼眸清透

笼子里，一只狗崽朝我摇尾巴，眼眸清透
小爪子焦急地往笼子上攀爬，看我，眼眸清透
没有叫声，没有呼唤，只有眼眸清透
我不敢回头。前方，烟尘滚滚；身后，眼眸清透

文昌殿前

对岸喧闹的县城，一个小孩在叫妈妈
面前流走的酉水，每一朵水花都没有回头
身处庙宇寂静，白蝴蝶飞过斑斓的草丛
想作一首诗，却一个字也没写出

喧闹依旧，流水依旧，蝴蝶依旧
回过神来，抬眼看见走廊上
一朵水泥做的花，朝我轻轻微笑

独坐沅江边

宽阔蔚蓝的江面，平静得没有任何波澜
久坐岸边的我，已成为一颗石头

想起故乡小河那些荡漾的涟漪，被风吹拂的
温柔的刘海。一条河的歌唱和呜咽
那些波浪的沉浮和拍打岸边的惊涛啊

风霜在额头刻下皱纹，有时还被雨淋得一身泪水
在此刻，都可以平静地接受命运的巨掌

那些获得大河的群山，此刻，比任何一处
都要安静、沉稳和蓬勃

庄稼茂盛

红薯啊，土豆啊，长好了，会藏到地底下
像人们藏着至亲的人

苞谷啊，花生啊，长好了，会挂上房梁
人们一抬头，顺便
就看见了星辰

乡村赞美诗

低下身去，扶正一棵长歪的玉米
脱下破棉衣，给寒风中瑟瑟发抖的牛犊穿

田野里剩一些稻谷不收了，留给过冬的鸟雀
来乞讨的人，都不会让空着碗离去

乡村之上，蓝天如洗，朵朵白云擦拭着
匍匐在田间地头的身影

我已成小小土堆的阿婆，大地给她戴上花环
清风把草木上的尘埃反复清理

夜登钟佛山

是山脚下璀璨的灯火感动了我，是这些灯火
让我仰望，又看见同样璀璨的星空
我已经忘了在菩萨面前的所有祈愿，当大地和星空
同样璀璨，人间的
每一盏灯都有一颗星星环绕

我的眼睛流淌一条温润的河流

洲上坪即景

坐在土坎上的大姨，静静遥望埋有儿子的山冈
那时的洲上坪那么静，整座村庄没有声音
花开花的，野草长野草的
暖阳铺在大地上，轻轻的、暖暖的、像某种宽恕

捞虾所感

一网兜下去，是空的，再一网兜，还是
那些从网孔里漏掉的，是水还是光阴？

这么些年了，我扛着网兜，打捞的往往是
满兜的枯枝和败叶

在洲上坪这条小河，我也曾
站在激流的中心，所有的波纹和暗涌

在人世的大河，命运如大网，兜住我
虾米般卑微的一生

这里是神居住的地方

祖父在土地菩萨前磕头，阿婆在
古树下磕头。巨大的石崖下面
堆放碗筷和香烛。那些岔路口旁的小斜坡
立一块块矮矮的挡箭牌

挂满红布的枝条，沉甸甸向下弯曲
躺在稻草堆休息的母亲，厚实如大地

秋收有感

挖红苕，拔萝卜，刨花生
成群结队的粮食纷纷从土里跑出来

挖垦的地方
泥土新鲜、潮湿，香甜和喜悦
在那里相逢

小时候，曾在泥土里种下心愿
后来长成了天上的星星

长大后，在泥土里种一个个亲人
后来长成了果实

现在我坐在一块土地上
和一颗满身泥土的红苕，有些相似

稻草垛

用来喂牛，也用来编织成走路的鞋子
系在树上作草标，轻刮肚皮驱走疾病
婚床铺上厚厚的干稻草，生命在上面开花结果
取出烧成灰的干稻草，为婴儿接生

在乡下，干稻草堆积在一起
是一个小小的祭坛
干稻草连成一片，是鸟雀们的村庄

和玩伴捉迷藏，躲在干草垛里睡着了
醒来时，已到中年

耕种偶得

在所有寺庙念佛，和在自留地念佛是一样的
玉米是披袈裟的佛，豌豆是调皮的佛，最笨的佛当属南瓜
我，一个误入的农民，因为偶得大地这本经书
才开始咿呀学语，重新识字

福至诗的花开了

浅浅的，轻盈的，一朵接一朵，簇拥着
阳光和雨露让它们生长得更加繁盛
每个到来的人，一眼看到了花，走近花旁

她们似乎忘了悲痛、哀怨，甚至忘了祈祷
仿佛花开了，就原谅了整个世界

老　屋

搬家之后，母亲执意要重新装修老屋
修墙，翻瓦，铺地面，拔屋前和院子里的草
终年不居住的老屋，在母亲的打理下
干净、整洁，充满生气

母亲说，离开了，那也是出生和成长的地方
还有祖先们要住在那里

进了悟寺

跨进寺门，众人忙点香、磕头
大殿上，闪现成片起伏的身影

没有进去的女儿，和一树桃花说话
又与嫩芽有惊喜的相逢
一缕清风，悄悄在草叶间转身

爱上露水的女儿，这会儿又爱了青草
小小的手掌，轻轻拍去草尖的灰尘

天空明亮如镜，万物刚被雨水清洗
阳光照耀处，女儿和佛像，在同一把伞下

猜谜语

夜晚，父亲开始和女儿猜谜了
每一个小时候我们都猜过的
如今，他又用来哄孙辈们

女儿嘻嘻哈哈，乐此不疲
谜底一个个被揭开
一个个新谜又接踵而至

快乐和幸福在他们之间传递……

在隔壁房间的我
知道所有谜底，却不再开口

蹚在人生这条汹涌的大河
我已看清所有的真相
却要假装迷雾重重，一无所知

与妻子仰望星空

深蓝的夜幕中
群星满天。絮絮叨叨的妻子，突然没了声音

多年了，常常带妻子去乡村
星空还是那么璀璨啊

妻子走过的地方，有了儿女的脚步
星星走过的地方，拖着银河的光辉

我们就这么走啊走
乡村静谧，大地厚实

一颗一颗星星，在脚尖上跳

母　亲

从奔涌的大河，找到了母亲最直接的修辞
在厚实的土地，母亲有最广阔的比喻

晨光中生产的母牛，庄重而圣洁
奶着跪地羊羔的母羊，端庄如国画

令我羞愧的何止是垃圾桶旁奶着孩子的流浪狗
杨家寨疯了的女人哄着布娃娃不肯撒手

我曾在土地上埋掉一个又一个母亲
终于在一夜之间听懂了摇篮曲

我终于分清了群山是乳房还是牌位
也看清盛满故乡背篓的——落日和星辰

馈　赠

草木窸窣生长，流水哗哗
群山起伏，星辰盘旋

灯火明亮的村庄，鸡鸣狗吠
繁盛生长的庄稼

田间地头忙碌的人们，飞翔的鸟雀
爬行的虫蚁

听着它们的教诲——

在写作之路啊
至今没有写出一个字

我所写的，只是大自然的语言

这是一个需要你我才完整的世界

两朵花轻轻依偎，蝴蝶互相追逐
两只小鸟挨在一起
两只白鹅成双成对形影不离

总有一双手牵着另一双手
一双眼睛融入另一双眼睛
一个拥抱迎接另一个拥抱
一声祝福接纳另一声祝福

我曾在一个山野的石缝里
看见两只昆虫相拥而逝的躯体

也曾在群山之上，看见夫妻两人
共用一块墓碑

一只手掌需加上另一只才能称之为祈祷
双脚跪下才能说成祭拜天地和至亲

粮食颂

耕耘过的土地，村庄郁郁葱葱

吃完一年粮食，孩子们长高一些
老人们看到的月亮，更圆满了一些

因为睡在一大堆苞谷秆上
劳累一天的母亲，稍微比大地
高出了几分

因为一生侍弄土地，祖母
像挂满果实的庄稼一样弯曲

我在土地里种下理想和心愿
后来刨出了红薯和骨头

我在土地上掰下苞谷和油菜
后来都长成炊烟和灯盏

先　知

暴风雨来临之前，草木提前低伏了
蜻蜓低飞，虫蚁慌乱奔跑

地震来临之前，蛇鼠躁动，鱼兽奔走
天空呈现出无边无际鳞状的云朵

有一年发大洪水，村里的那口古井
提前两天浑浊了
上了年纪的人们
总爱仔细倾听
乌鸦或喜鹊的叫声

竹子长着长着，就成了算命的竹签
观音寺前的蝴蝶，展开星宙般的翅羽

我有越来越缓慢的脚步

奔波多年，让我放缓脚步的

一次是转山撞见辽阔奔涌的长江
一次是跪在和尚山下
看青草和泥土堆上阿婆的坟头

还有一次是清晨，我把手
伸向产房门
接过襁褓中的女儿

——我越来越缓慢呵

在云贵高原

让我停下来的有
尼玛石、经幡和高耸的雪山

雪　夜

空阔的村子里，雪越下越大
突然远处传来孩童一声声
响亮的呼喊
"爸爸，爸爸……"

草木倒伏，身披雪霜

几颗孤星在天边发着微光
忽明忽暗

——在那一刻
几乎可以确定了

我就是这风雪之夜
推开柴门归来的老父亲

白塔寺下

静静流淌的古苗河，静静的卧塔村

一个孩子在院坝造泥人
一个新娘在婚车里流泪
一个老人默默看着流水

上山的小和尚恭敬地念"阿弥陀佛"
茂盛草丛钻出的老牛，突然"哞"了一声

四　行

酉水流淌，两岸的山峦，房屋都在荡漾
细浪之中，坟头和庙宇，也在晃动

我已在河边走过多年，满身都是波纹
人间风尘漫天，依然值得翻山越岭

山坡闲坐

花草繁盛，清风徐徐

远山是炊烟袅袅的村庄
近处老农翻开潮湿的泥土
山顶回响古寺的钟声

是谁把白云寄到我的眼前
流水把什么带远

飞翔的蜻蜓，枝丫上的鸟巢
一个微醺的旅人

被落日逐一加冕

祝福词

延绵的群山与深蓝宽阔的河流
给你送来山河的奇美与壮丽

成片茂盛的庄稼与清澈的泉水
给你带来粮食的富足和甘甜的乳汁

温暖的阳光和清新的空气
给你无边无际的喜悦和自由

就连路边生长的野菜野果
都是为了赐给你别样的美味

你轻轻躺下，大地有厚实的怀抱
你往上攀爬，白云伸出手掌

看吧，山河壮美，人间繁盛
万物都以各自的方式爱你

亲爱的，只要张开双臂
你就可以拥抱那温暖而磅礴的朝阳

后记：大地在说什么

洞庭湖往西，穿过莽莽的武陵和雪峰两大山脉，与云贵高原环抱而成的广大地区，湖河密布，群山起伏，一座座村庄星罗棋布。这些，共同组成了我的故乡。

父亲戴上斗笠，顺手把屋檐下的锄头递给我。锄头上，泥巴尚未干，那是埋掉阿婆残留的。现在，我们将拿着这把锄头去播种了。

稻草、苞谷秆烧成的灰，有些用来做田土的肥料，有些做药引，还有一些给孕妇接生。小时候，看到那些灰撒到软和的稻草上，洁白洁白的。好多年后才知道，这与祈祷时香火燃烧的灰以及骨灰没有多大差别。

山间的一块土地上，地瓜繁盛，攀岩的茎叶慢慢爬上田野一角的新坟。有些事情不是苍天和大地能够回答的。往往，泥土里小小的地瓜更清楚答案。在我的掌心，长着许许多多的果实，其中最繁盛的一颗，是生生不息的大地。

登上白塔寺，敲响巨大的古钟。有一次，惊飞了一群白鹭；有一次，酉水荡起了波纹；还有一次，钟响之后，巨大而磅礴的落日如从指尖抛出的一枚硬币，开始古老而永恒的占卜。

菜园篱笆上的喇叭花开得正好，齐刷刷地吹响唢呐。唢呐响彻天际的时候，不是有人出嫁，就是有人西去。喇叭花一年年繁盛，为一拨拨人迎来送往。

而所有人，穷尽一生，最终都只是获得一堆小小泥土。

与一片枯叶合掌，才获得最虔诚的祈福姿势。那一刻，枯叶是我的另一面手掌，或者说，我的手掌是另一面枯叶。那一刻，辽阔的天空，湛蓝、澄明，如一滴巨大的泪。

一片片祈福的红布，风吹翻飞。有人曾在上面，看到许多消失的身影。而在红布下匍匐的人群，弓起的脊背，与问号极其相似。

扶贫户的小女孩见到我，欢快飞奔而来。她的爸爸妈妈打工去了，我把她抱起来，嫩嫩的小手颤颤地轻轻地触及我的脸庞。那一刻，我多么希望兜兜里有全世界所有的糖果。

还有一个小女孩在山坡上，对着盛放的野花，奶声奶气地呼唤：妈妈，妈妈。

站在田坎上的傻子朝着我们嘿嘿笑个不停，旁边，柳条返青，轻轻拂过他脏烂的衣衫，那是上苍伸出的手吗？

走累的老人停在路边，拐杖不时叩击脚下的土地。沉闷的声音不断回响。

一个孕妇缓慢走过花开的梨树下，几片花瓣散在她的发际。轻飘飘的，如栖息在天空之上的云朵。梨子刚结出来不久，婴儿也跟着来到了这个世界。

我听到了人世间所有花朵都传来婴儿的啼哭。

一群阿姨在广场上跳舞，旁边的鸽子在觅食，她们互不打扰，鸽子也不惊怕。这是一群生育过的女人，当了母亲的女人；这是一群洁白的鸽子，象征爱与和平。

孩子们围成一圈，对着手机屏幕的一个中年人，不停地喊：爸爸，爸爸。我看到了中年人沧桑的脸庞舒展着人世间最舒心的笑容。

曾祖父是和尚山上寺庙的住持。小时候，村庄里的雪融化了，山顶依然白雪皑皑。洲上坪的人们依据积雪融化的程度安排农事，祖父安装的神龛，要面朝雪山。而在我的梦里，多少年只有一身袈裟、一双草鞋，一步步踏雪而上。

人世，如一本经书，我努力阅读和写好每一个字。比如不能把冬天当作春的开始，因为有人死在了那个季节。比如群星选择密集地待在天上，让万物从尘埃中抬起头来。

这里是我的故乡，也是你的故乡。我们头顶有同样的太阳和明月，我们脚下有同样厚实的土地。

当我从阿婆的坟前站了起来，松柏瞬间高大苍翠。当我挥别寺庙之上的云彩，我才获得一具真正的肉身。

站在沅江之畔，打捞中年苍茫的倒影，半江山川，与我互为呼应。站在武陵山顶，迎着大风而歌，整条酉水，为我收拢臂弯。

苍天和大地，是两面巨大的合十的手掌。我们在其中，都被祝福。

梁书正于 2022 年 7 月 15 日晚

图书在版编目（CIP）数据

群山祈祷 / 梁书正著. -- 武汉：长江文艺出版社，
2023.1（2025.4 重印）
（第 38 届青春诗会诗丛）
ISBN 978-7-5702-2907-9

Ⅰ.①群… Ⅱ.①梁… Ⅲ.①诗集－中国－当代
Ⅳ.①I227

中国版本图书馆 CIP 数据核字（2022）第 165329 号

群山祈祷
QUNSHAN QIDAO

特约编辑：姚晓斐

责任编辑：胡　璇　　　　　　　　责任校对：程华清

封面设计：张致远　　　　　　　　责任印制：邱　莉　　王光兴

出版：长江出版传媒｜长江文艺出版社

地址：武汉市雄楚大街 268 号　　　邮编：430070

发行：长江文艺出版社

http://www.cjlap.com

印刷：湖北新华印务有限公司

开本：880 毫米×1230 毫米　　1/32　　印张：5.5　　插页：4 页

版次：2023 年 1 月第 1 版　　　2025 年 4 月第 2 次印刷

行数：3825 行

定价：52.00 元